Impressum
Verlag: BABADADA GmbH, Nedderfeld 112 , 22529 Hamburg
Geschäftsführer / Verlagsleitung: Harald Hof
Druck: Books on Demand GmbH, In de Tarpen 42, 22848 Norderstedt

Imprint
Publisher: BABADADA GmbH, Nedderfeld 112 , 22529 Hamburg, Germany
Managing Director / Publishing direction: Harald Hof
Print: Books on Demand GmbH, In de Tarpen 42, 22848 Norderstedt

класна стая
classroom

деление
divide

186/2

черна дъска
board

училищен двор
school yard

учител
teacher

хартия
paper

пиша
write

химикал
pen

бюро
desk

линеал
ruler

книга
book

ученик
pupil

ученическа раница

satchel

ученически несесер

pencil case

молив

pencil

острилка за моливи

pencil sharpener

гума

rubber

блок за рисуване

drawing pad

рисунка

drawing

четка

paintbrush

акварелни бои

paint box

ножица

scissors

лепило

glue

тетрадка за упражнения

exercise book

домашна работа

homework

число

number

събиране

add

изваждане

subtract

умножение

multiply

смятане

calculate

буква

letter

азбука

alphabet

дума

word

текст

text

чета

read

тебешир

chalk

час

lesson

дневник на класа

register

изпит

examination

свидетелство

certificate

ученическа униформа

school uniform

образование

education

справочник

encyclopedia

университет

university

микроскоп

microscope

карта

map

кошче за хартиени
отпадъци

waste-paper basket

хотел
hotel

хостел
hostel

ROOMS

обменно бюро
currency exchange office

куфар
suitcase

кола
car

език

language

да / не

yes / no

Окей

Okay

здравей

hello

преводач

translator

Благодаря

Thank you

Колко струва…?

how much is…?

Не разбирам

I don´t get it

проблем

problem

Добър вечер!

Good evening!

Добро утро!

Good morning!

Лека нощ!

Good night!

довиждане

goodbye

посока

direction

багаж

luggage

пътна чанта

bag

раница

backpack

посетител

guest

стая

room

спален чувал

sleeping bag

палатка

tent

туристическа информация

tourist information

плаж

beach

кредитна карта

credit card

закуска

breakfast

обед

lunch

вечеря

dinner

билет

Ticket

асансьор

elevator

пощенска марка

stamp

граница

border

митница

customs

посолство

embassy

виза

visa

паспорт

passport

пътуване - travel

7

кораб
ship

самолет
airplane

пожарна кола
fire truck

автобус
bus

товарен автомобил
truck

моторна лодка
motorboat

кола
car

велосипед
bike

ферибот

ferry

лодка

boat

мотоциклет

motorbike

полицейска кола

police car

състезателна кола

racing car

кола под наем

rental car

карширинг

car sharing

автомобил от "Пътна помощ"

tow truck

сметовоз

garbage truck

двигател

engine

бензин

fuel

бензиностанция

fuel station

пътен знак

traffic sign

улично движение

traffic

задръстване

traffic jam

паркинг

parking lot

гара

train station

релси

tracks

влак

train

трамвай

tram

вагон

wagon

хеликоптер

helicopter

аерогара

airport

кула

tower

пасажер

passenger

контейнер

container

кашон

carton

ръчна количка

cart

кошница

basket

излитам / приземявам се

take off / land

град

city

село

village

градски център

city center

къща

house

кино
movie theater

реклама
advert

уличен фенер
street light

улица
street

такси
taxi

павилион
snack shop

CINEMA

пешеходец
pedestrian

тротоар
sidewalk

пешеходна пътека
zebra crossing

голяма кофа за смет
dumpster

кръстовище
crossing

светофар
traffic lights

хижа
hut

жилище
apartment

гара
train station

кметство
city hall

музей
museum

училище
school

университет

university

банка

bank

болница

hospital

хотел

hotel

аптека

pharmacy

офис

office

книжарница

book shop

магазин за цветя

shop

магазин за цветя

flower shop

супермаркет

supermarket

пазар

market

универсален магазин

department store

търговец на риба

fishmonger's shop

търговски център

mall

пристанище

harbor

парк

park

пейка

bench

мост

bridge

стълба

stairs

метро

subway

тунел

tunnel

автобусна спирка

bus stop

бар

bar

ресторант

restaurant

пощенска кутия

postbox

улична табелка

street sign

часовник за паркинг
престой

parking meter

зоологическа градина

zoo

плувен басейн

swimming pool

джамия

mosque

селски двор

farm

замърсяване на околната среда

pollution

гробище

cemetery

църква

church

детска площадка

playground

храм

temple

пейзаж
landscape

листо
leaf

пътепоказател
signpost

път
path

ливада
meadow

камък
stone

дърво
tree

пътешественик
hiker

река
river

трева
grass

цвете
flower

долина

valley

планина

hill

море

lake

гора

forest

пустиня

desert

вулкан

volcano

замък

castle

дъга

rainbow

гъба

mushroom

палма

palm tree

комар

mosquito

муха

fly

мравка

ant

пчела

bee

паяк

spider

пейзаж - landscape

бръмбар

beetle

жаба

frog

катеричка

squirrel

таралеж

hedgehog

заек

hare

кукумявка

owl

птица

bird

лебед

swan

диво прасе

boar

елен

deer

лос

moose

бент

dam

вятърна турбина

wind turbine

соларен модул

solar panel

климат

climate

келнер
waiter

меню
menu

стол
chair

супа
soup

пица
pizza

прибори за хранене
cutlery

покривка за маса
tablecloth

предястие

starter

основно ястие

main course

десерт

dessert

напитки

drinks

ядене

food

бутилка

bottle

бързо хранене

fast food

улична храна

street food

кана за чай

teapot

кутия за захар

sugar bowl

порция

portion

еспресо машина

espresso machine

висок детски стол

high chair

сметка

bill

табла

tray

ножица за нокти

knife

вилица

fork

лъжица

spoon

чаена лъжичка

teaspoon

салфетка

serviette

стъклена чаша

glass

чиния

plate

чиния за супа

soup plate

чинийка

saucer

сос

sauce

солница

salt shaker

мелничка за черен пипер

pepper mill

оцет

vinegar

олио

oil

подправки

spices

кетчуп

ketchup

горчица

mustard

майонеза

mayonnaise

оферта
special offer

клиент
customer

млечни продукти
dairy products

плодове
fruit

количка за покупки
shopping cart

FOR

кланица
butcher's shop

хлебарница
bakery

тегля
weigh

зеленчуци
vegetables

месо
meat

дълбоко замразена храна
frozen food

нарязан колбас или
сирене
cold cuts

консерви
canned food

перилен препарат
detergent

лакомства
candy

домакински изделия
household products

почистващи препарати
cleaning products

продавачка
sales representative

каса
cash register

касиер
cashier

списък на покупките
shopping list

работно време
opening hours

портфейл
wallet

кредитна карта
credit card

чанта
bag

пластмасова торба
plastic bag

вода

water

сок

juice

мляко

milk

кола

coke

вино

wine

бира

beer

алкохол

alcohol

какао

cocoa

чай

tea

кафе машина

coffee

еспресо

espresso

капучино

cappuccino

банан

banana

ябълка

apple

портокал

orange

пъпеш

melon

лимон

lemon

морков

carrot

чесън

garlic

бамбук

bamboo

лук

onion

гъба

mushroom

ядки

nuts

макарони

noodles

спагети

spaghetti

ориз

rice

салата

salad

пържени картофи

fries

печени картофи

fried potatoes

пица

pizza

хамбургер

hamburger

сандвич

sandwich

шницел

escalope

шунка

ham

траен колбас

salami

салам

sausage

пиле

chicken

печено

roast

риба

fish

овесени ядки

porridge oats

мюсли

muesli

корнфлейкс

cornflakes

брашно

flour

кроасан

croissant

хлебчета

bread roll

хляб

bread

препечена филийка

toast

бисквити

cookies

масло

butter

извара

curd

сладкиш

cake

яйце

egg

яйца на очи

fried egg

сирене

cheese

сладолед

ice cream

захар

sugar

мед

honey

мармалад

jelly

нуга крем

nougat cream

къри

curry

селска къща
farm house

бала сено
straw bale

плевня
barn

поле
field

кон
horse

ремарке
trailer

конче
foal

трактор
tractor

магаре
donkey

овца
sheep

агне
lamb

коза

goat

крава

cow

теле

calf

свиня

pig

прасенце

piglet

бик

bull

гъска

goose

патица

duck

пиленце

chick

кокошка

hen

петел

cockerel

плъх

rat

котка

cat

мишка

mouse

вол

ox

куче

dog

кучешка колиба

dog house

градински маркуч

garden hose

лейка

watering can

коса

scythe

плуг

plow

сърп

sickle

мотика

hoe

вила за тор

pitchfork

брадва

axe

ръчна количка

pushcart

корито

trough

съд за мляко

milk can

чувал

sack

ограда

fence

обор

stable

парник

greenhouse

земя

soil

сеитба

seed

тор

fertilizer

комбайн

combine harvester

жъна

harvest

реколта

harvest

ямс

yams

жито

wheat

соя

soya

картоф

potato

царевица

corn

рапица

rapeseed

овощно дърво

fruit tree

маниока

manioc

зърнени храни

grain

комин
chimney

покрив
roof

улук
downspout

прозорец
window

гараж
garage

звънец
doorbell

врата
door

кофа за боклук
trash can

пощенска кутия
mailbox

градина
garden

всекидневна
living room

баня
bathroom

кухня
kitchen

спалня
bedroom

детска стая
kids room

трапезария
dining room

под

floor

стена

wall

таван

ceiling

изба

cellar

сауна

sauna

балкон

balcony

тераса

terrace

плувен басейн

pool

косачка

lawn mower

спално бельо

sheet

покривка за легло

bedspread

легло

bed

метла

broom

кофа

bucket

електрически ключ

switch

тапет
wallpaper

картина
picture

лампа
lamp

рафт
shelf

шкаф
cabinet

камина
fireplace

телевизор
television

цвете
flower

възглавница
cushion

ваза
vase

канапе
sofa

дистанционно управление
remote control

килим

carpet

завеса

drape

маса

table

стол

chair

люлеещ се стол

rocking chair

кресло

armchair

книга

book

одеяло

blanket

декорация

decoration

дърва за отопление

firewood

филм

film

стерео уредба

stereo system

ключ

key

вестник

newspaper

живопис

painting

постер

poster

радио

radio

бележник

notebook

прахосмукачка

vacuum cleaner

кактус

cactus

свещ

candle

хладилник
fridge

микровълнова фурна
microwave oven

кухненска везна
kitchen scales

тостер
toaster

почистващо средство
laundry detergent

фурна
stove

хладилна камера
freezer

кофа за боклук
trash can

миялна машина
dishwasher

готварска печка

cooker

тенджера

pot

желязна тенджера

cast-iron pot

уок / кадаи

wok / kadai

тиган

pan

кана за затопляне на вода

kettle

уред за готвене на пара

steamer

тава за печене

baking tray

съдове

crockery

чаша

mug

купа

bowl

клечки за хранене

chopsticks

черпак

ladle

лопатка за тиган

spatula

тел за разбиване (на яйца, белтъци)

whisk

кошница за варене

strainer

гевгир

sieve

ренде

grater

хаван

mortar

барбекю

barbecue

огнище

fireplace

дъска

chopping board

точилка

rolling pin

тирбушон

corkscrew

кутия

can

отварачка за консерви

can opener

кухненска ръкохватка

oven cloth

мивка

sink

четка

brush

гъба

sponge

миксер

blender

фризер

deep freezer

бебешко шише

baby bottle

воден кран

tap

отопление
heating

душ
shower

хавлиена кърпа
towel

завеса за баня
shower curtain

шампоан за вана
bubble bath

вана
bathtub

стъклена чаша
glass

перална машина
washing machine

плочки
tiles

воден кран
tap

гърне
potty

мивка
sink

тоалетна

toilet

клекало

squat toilet

биде

bidet

писоар

urinal

тоалетна хартия

toilet paper

четка за тоалетна

toilet brush

четка за зъби

toothbrush

паста за зъби

toothpaste

конец за зъби

dental floss

мия

wash

ръчен душ

hand shower

интимен душ

douche

леген

basin

четка за гръб

back brush

сапун

soap

душ гел

shower gel

шампоан за вана

shampoo

гъба за баня

flannel

сифон

drain

крем

creme

дезодорант

deodorant

огледало

mirror

козметично огледало

hand mirror

ръчна самобръсначка

razor

пяна за бръснене

shaving foam

одеколон за след
бръснене
aftershave

гребен

comb

четка

brush

сешоар

hair-dryer

спрей за коса

hairspray

грим

makeup

червило

lipstick

лак за нокти

nail varnish

памук

cotton wool

ножица за нокти

nail scissors

парфюм

perfume

тоалетна чантичка

washbag

табуретка

stool

везна

weighing scales

хавлия

bathrobe

домакински ръкавици

rubber gloves

тампон

tampon

дамски превръзки

sanitary towel

химическа тоалетна

chemical toilet

будилник
alarm clock

плюшена играчка
cuddly toy

автомобил играчка
toy car

дрънкалка
rattle

къща за кукли
doll's house

подарък
present

балон

balloon

легло

bed

детска количка

stroller

игра на карти

deck of cards

пъзел

jigsaw

комикс

comic

лего елементи

lego bricks

строителни елементи

toy blocks

екшън фигурка

action figure

бебешки гащеризон

romper suit

фрисби

frisbee

бебешки играчки за легло

mobile

настолна игра

board game

зарче

dice

миниатюрно влакче

model train set

биберон

pacifier

парти

party

детска книга с илюстрации

picture book

топка

ball

кукла

doll

играя

play

пясъчник

sandpit

люлка

swing

играчка

toys

игрова конзола

video game console

велосипед с три колелета

tricycle

плюшено мече

teddy bear

гардероб

wardrobe

облекло

clothing

къси чорапи

socks

дълги чорапи

stockings

чорапогащник

tights

шал
scarf

чадър
umbrella

колан
belt

Т-шърт
t-shirt

ботуши
boots

пантофи
slippers

гуменки
sneakers

сандали
....
sandals

обувки
....
shoes

гумени ботуши
....
rubber boots

слип
....
underwear

сутиен
....
bra

долна блуза
....
undershirt

боди

body

панталон

pants

дънки

jeans

пола

skirt

блуза

blouse

риза

shirt

пуловер

pullover

суичър

sweater

блейзър

blazer

яке

jacket

палто

coat

дъждобран

raincoat

костюм

costume

рокля

dress

булчинска рокля

wedding dress

костюм

suit

нощница

nightgown

пижама

pajamas

сари

sari

кърпа за глава

headscarf

тюрбан

turban

бурка

burka

кафтан

kaftan

абая

abaya

банскu костюм

swimsuit

плувни шорти

trunks

къс панталон

shorts

анцуг

tracksuit

престилка

apron

ръкавици

gloves

копче

button

очила

glasses

гривна

bracelet

верижка

necklace

пръстен

ring

обеца

earring

каскет

cap

закачалка

coat hanger

шапка

hat

вратовръзка

tie

цип

zip

каска

helmet

тиранти

braces

ученическа униформа

school uniform

униформа

uniform

лигавник

bib

биберон

pacifier

пелена

diaper

офис
office

сървър
server

шкаф за документи
filing cabinet

принтер
printer

монитор
monitor

хартия
paper

мишка
mouse

бюро
desk

папка
folder

клавиатура
keyboard

стол
chair

кошче за хартиени отпадъци
waste-paper basket

компютър
computer

чаша за кафе

coffee mug

джобен калкулатор

calculator

интернет

internet

лаптоп

laptop

писмо

letter

съобщение

message

мобилен телефон

cell phone

мрежа

network

ксерокс

photocopier

софтуер

software

телефон

telephone

контакт

plug socket

факс

fax machine

формуляр

form

документ

document

купувам

buy

плащам

pay

търгувам

trade

пари

money

долар

dollar

евро

euro

йена

yen

рубла

rouble

швейцарски франк

Swiss franc

ренминби юан

renminbi yuan

рупия

rupee

банкомат

cash point

обменно бюро

currency exchange office

злато

gold

сребро

silver

нефт

oil

енергия

energy

цена

price

договор

contract

данък

tax

акция

stock

работя

work

служител

employee

работодател

employer

фабрика

factory

магазин за цветя

shop

полицай
police officer

пожарникар
fireman

готвач
cook

лекар
doctor

пилот
pilot

градинар

gardener

мебелист

carpenter

шивачка

seamstress

съдия

judge

химик

chemist

артист

actor

шофьор на автобус

bus driver

шофьор на такси

taxi driver

рибар

fisherman

чистачка

cleaning lady

майстор на покриви

roofer

келнер

waiter

ловец

hunter

художник

painter

хлебар

baker

електротехник

electrician

строителен работник

builder

инженер

engineer

касапин

butcher

тенекеджия

plumber

пощальон

postman

войник

soldier

архитект

architect

касиер

cashier

цветар

florist

фризьор

hairdresser

кондуктор

conductor

механик

mechanic

капитан

captain

зъболекар

dentist

научен работник

scientist

равин

rabbi

имàм

imam

монах

monk

свещеник

pastor

чук
hammer

клещи
pliers

отвертка
screwdriver

гаечен ключ
wrench

джобна лампа
torch

багер

excavator

кутия за инструменти

toolbox

стълба

ladder

трион

saw

пирони

nails

бормашина

drill

ремонтирам

repair

лопата

shovel

По дяволите!

Damn!

лопатка за смет

dustpan

кутия за боя

paint can

болтове

screws

музикални инструменти
musical instruments

високоговорител
loud speaker

ударни инструменти
drum set

китара
guitar

контрабас
double bass

тромпет
trumpet

пиано

piano

виолина

violin

контрабас

bass

тимпан

timpani

барабан

drums

електрическо пиано

keyboard

саксофон

saxophone

флейта

flute

микрофон

microphone

вход
entrance

тигър
tiger

бръмбар
cage

зебра
zebra

храна за животни
animal feed

панда
panda

животни

animals

слон

elephant

кенгуру

kangaroo

носорог

rhino

горила

gorilla

мечка

bear

камила

camel

щраус

ostrich

лъв

lion

маймуна

monkey

фламинго

flamingo

папагал

parrot

бяла мечка

polar bear

пингвин

penguin

акула

shark

паун

peacock

змия

snake

крокодил

crocodile

пазач в зоологическа
градина

zookeeper

тюлен

seal

ягуар

jaguar

пони

pony

леопард

leopard

хипопотам

hippo

жираф

giraffe

орел

eagle

диво прасе

boar

риба

fish

костенурка

turtle

морж

walrus

лисица

fox

газела

gazelle

американски футбол
American football

колоездене
cycling

тенис
tennis

баскетбол
basketball

плуване
swimming

бокс
boxing

хокей на лед
ice hockey

футбол
soccer

бадминтон
badminton

лека атлетика
athletics

хандбал
handball

ски бягане
skiing

поло
polo

скачам
jump

прегръщам
hug

смея се
laugh

вървя
walk

пея
sing

моля се
pray

целувам
kiss

сънувам
dream

пиша
write

рисувам
draw

показвам
show

бутам
push

давам
give

взимам
take

имам

have

правя

do

съм

be

стоя

stand

тичам

run

дърпам

pull

хвърлям

throw

падам

fall

лежа

lie

чакам

wait

нося

carry

седя

sit

обличам

get dressed

спя

sleep

събуждам се

wake up

разглеждам

look at

плача

cry

милвам

stroke

реша се

comb

говоря

talk

разбирам

understand

питам

ask

слушам

listen

пия

drink

ям

eat

разтребвам

tidy up

обичам

love

готвя

cook

карам автомобил

drive

летя

fly

плавам (с платна)

sail

смятане

calculate

чета

read

уча

learn

работя

work

женя се

marry

шия

sew

измивам си зъбите

brush teeth

убивам

kill

пуша

smoke

изпращам

send

баба
grandmother

дядо
grandfather

баща
father

майка
mother

бебе
baby

дъщеря
daughter

син
son

посетител

guest

леля

aunt

чичо

uncle

брат

brother

сестра

sister

чело
forehead

око
eye

рамо
shoulder

пръст
finger

лице
face

брадичка
chin

ръка
hand

гърди
breast

крак
leg

ръка
arm

бебе

baby

мъж

man

жена

woman

момиче

girl

момче

boy

глава

head

гръб

back

корем

belly

пъп

navel

пръст на крака

toe

пета

heel

кост

bone

хълбок

hip

коляно

knee

лакът

elbow

нос

nose

седалище

buttocks

кожа

skin

буза

cheek

ухо

ear

устна

lip

тяло - body

уста

mouth

зъб

tooth

език

tongue

мозък

brain

сърце

heart

мускул

muscle

бял дроб

lung

черен дроб

liver

стомах

stomach

бъбреци

kidneys

полово сношение

sex

кондом

condom

яйцеклетка

ovum

сперма

semen

бременност

pregnancy

тяло - body

менструация

menstruation

вагина

vagina

пенис

penis

вежда

eyebrow

коса

hair

шия

neck

болница
hospital

линейка
ambulance

инвалидна количка
wheelchair

фрактура
fracture

лекар

doctor

спешна хоспитализация

emergency room

медицинска сестра

nurse

спешен случай

emergency

в безсъзнание

unconscious

болка

pain

нараняване

injury

кървене

bleeding

инфаркт

heart attack

инсулт

stroke

алергия

allergy

кашлица

cough

температура

fever

грип

flu

диария

diarrhea

главоболие

headache

рак

cancer

диабет

diabetes

хирург

surgeon

скалпел

scalpel

операция

operation

компютърна томография

CT

рентген

x-ray

ултразвук

ultrasound

маска

face mask

болест

disease

чакалня

waiting room

патерица

crutch

пластир

plaster

превръзка

bandage

инжекция

injection

стетоскоп

stethoscope

носилка

stretcher

термометър

clinical thermometer

раждане

birth

наднормено тегло

overweight

слухов апарат

hearing aid

дезинфекционно средство

disinfectant

инфекция

infection

вирус

virus

HIV / AIDS

HIV / AIDS

медицина

medicine

ваксинация

vaccination

таблети

tablets

противозачатъчна
таблетка
pill

спешно телефонно
обаждане
emergency call

апарат за измерване на
кръвното налягане

blood pressure monitor

болен / здрав

ill / healthy

Помощ!
Help!

сигнал за тревога
alarm

нападение
assault

атака
attack

опасност
danger

авариен изход
emergency exit

Пожар!
Fire!

пожарогасител
fire extinguisher

злополука
accident

комплект за оказване на
първа помощ
first-aid kit

SOS
SOS

полиция
police

Европа

Europe

Северна Америка

North America

Южна Америка

South America

Африка

Africa

Азия

Asia

Австралия

Australia

Атлантически океан

Atlantic

Тихи океан

Pacific

Индийски океан

Indian Ocean

Южен ледовит океан

Antarctic Ocean

Северен ледовит океан

Arctic Ocean

Северен полюс

North pole

Южен полюс

South pole

Антарктида

Antarctica

Земя

earth

суша

land

море

sea

остров

island

нация

nation

държава

state

циферблат

clock face

стрелка на часовете

hour hand

стрелка на минутите

minute hand

стрелка на секундите

second hand

Колко е часът?

What time is it?

ден

day

време

time

сега

now

дигитален часовник

digital watch

минута

minute

час

hour

понеделник
Monday

вторник
Tuesday

сряда
Wednesday

четвъртък
Thursday

петък
Friday

събота
Saturday

неделя
Sunday

вчера

yesterday

днес

today

утре

tomorrow

сутрин

morning

обед

noon

вечер

evening

MO	TU	WE	TH	FR	SA	SU
1	2	3	4	5	6	7
8	9	10	11	12	13	14
15	16	17	18	19	20	21
22	23	24	25	26	27	28
29	30	31	1	2	3	4

работни дни

workdays

MO	TU	WE	TH	FR	SA	SU
1	2	3	4	5	6	7
8	9	10	11	12	13	14
15	16	17	18	19	20	21
22	23	24	25	26	27	28
29	30	31	1	2	3	4

уикенд

weekend

дъжд
rain

дъга
rainbow

вятър
wind

сняг
snow

пролет
spring

лято
summer

есен
fall

зима
winter

прогноза за времето

weather forecast

термометър

thermometer

слънчева светлина

sunshine

облак

cloud

мъгла

fog

влажност на въздуха

humidity

светкавица

lightning

гръмотевица

thunder

буря

storm

градушка

hail

мусон

monsoon

наводнение

flood

лед

ice

януари

January

февруари

February

март

March

април

April

май

May

юни

June

юли

July

август

August

септември

September

октомври

October

ноември

November

декември

December

форми
shapes

кръг

circle

квадрат

square

четириъгълник

rectangle

триъгълник

triangle

сфера

sphere

куб

cube

бял

white

жълт

yellow

оранжев

orange

розов

pink

червен

red

лилав

purple

син

blue

зелен

green

кафяв

brown

сив

gray

черен

black

много / малко

a lot / a little

ядосан / спокоен

angry / calm

красив / грозен

beautiful / ugly

начало / край

beginning / end

голям / малък

big / small

светъл / тъмен

bright / dark

брат / сестра

brother / sister

чист / мръсен

clean / dirty

пълен / непълен

complete / incomplete

ден / нощ

day / night

мъртъв / жив

dead / alive

широк / тесен

wide / narrow

ядлив / неядлив

edible / inedible

сърдит / любезен

evil / kind

развълнуван / скучаещ

excited / bored

дебел / тънък

fat / thin

най-напред / най-накрая

first / last

приятел / враг

friend / enemy

пълен / празен

full / empty

твърд / мек

hard / soft

тежък / лек

heavy / light

глад / жажда

hunger / thirst

болен / здрав

ill / healthy

нелегален / легален

illegal / legal

интелигентен / глупав

intelligent / stupid

ляво / дясно

left / right

близо / далече

near / far

нов / употребяван

new / used

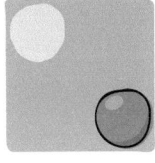

нищо / нещо

nothing / something

стар / млад

old / young

вкл. / изкл.

on / off

отворен / затворен

open / closed

тих / силен (звук)

quiet / loud

богат / беден

rich / poor

правилен / погрешен

right / wrong

грапав / гладък

rough / smooth

тъжен / щастлив

sad / happy

дълъг / къс

short / long

бавен / бърз

slow / fast

мокър / сух

wet / dry

топъл / студен

warm / cool

война / мир

war / peace

противоположности - opposites

0

нула

zero

1

едно

one

2

две

two

3

три

three

4

четири

four

5

пет

five

6

шест

six

7

седем

seven

8

осем

eight

9

девет

nine

10

десет

ten

11

единадесет

eleven

12

дванадесет

twelve

13

тринадесет

thirteen

14

четиринадесет

fourteen

15

петнадесет

fifteen

16

шестнадесет

sixteen

17

седемнадесет

seventeen

18

осемнадесет

eighteen

19

деветнадесет

nineteen

20

двадесет

twenty

100

сто

hundred

1.000

хиляда

thousand

1.000.000

милион

million

числа - numbers

английски

English

американски английски

American English

китайски мандарин

Chinese Mandarin

хинди

Hindi

испански

Spanish

френски

French

арабски

Arabic

руски

Russian

португалски

Portuguese

бенгалски

Bengali

немски

German

японски

Japanese

аз

I

ти

you

той / тя / то

he / she / it

ние

we

вие

you

те

they

кой?

who?

какво?

what?

как?

how?

къде?

where?

кога?

when?

име

name

зад

behind

в

in

пред

in front of

над

over

върху

on

под

under

до

beside

между

between

място

place